낯선 길 위에서

— 국은 여행시 모음

낯선 길 위에서

— 국은 여행시 모음

계간문예

| 自序 |

내가 가 본 적 없는 멀고도 먼 그 곳까지 마음 설레며 찾아 들었을 때 그 충격과 전율에 눈시울 젖을 때가 있었다.

내가 사는 세상 속에서 세상 밖을 기웃거리며, 난생 처음으로 사막을 걷기도 했고, 말을 타고 초원을 달려보기도 했다. 시공을 떠나 수천 년 전 시대로 거슬러 올라가 헤매어 보기도 했다.

때로는 수천 미터의 높이에서 여명을 맞이하기도 했고, 해발 제로에서 석양에 물들어가는 사원의 신비에 마음을 빼앗기기도 했다.

어떤 때는 아내 곁에 누웠어도 무수한 별들의 밀어에 빨려들기도 했다.

그러나 아무리 장엄하고 아름다운 풍경도 영혼의 깊이에서 우러나오는 느낌이 없다면 무엇하랴.

바래진 일상사를 벗어나 사는 날까지 가 본 적 없는 낯선 길 위에서 마음 설레며 그 무엇을 찾고 싶다.

2015년 여름에

국은

차례

제1부 남미와 아프리카

제2부 인도와 유럽

제3부 러시아와 몽골, 발칸반도

제4부 중국

제5부 그밖에

1
남미와 아프리카

케찰코아틀 신전

— 멕시코 테오티와칸에서

밴의 신 입 속에는 늘 태양보다 뜨거운
그 무엇이 있었다
신전의 정원엔 천년의 침묵이 흐르고
태양의 입김이 대지의 심장을 녹이고 있었다
아직까지 한 번도 토해내지 못한
그 무엇을 앙다물고 있었다
누가 '死者의 길' 로 올라가
마른 신전의 구덩이에 물 항아리를 내려 줄 것인가
아무도 없는 시간의 언저리엔
크고 검은 뜰락록*의 눈동자가
하늘경전을 외고,
뱀의 깃털로 짠 패널은
피라미드의 사면을 둘러싸고
황혼에 깃든 하늘을 향하여 아련히 솟아 있었다
테오티와칸의 황량한 대지 위에.

* 뜰락록 : 비의 신.

칸쿤의 환희

— 멕시코에서

대서양의 사나운 파도
카리브 해의 환상적인 쪽빛 바다
솜털보다 보드라운 하얀 모래밭
청포도보다 더 맑은 하늘빛
남국의 야자수 잎새 사이로
붉게 타는 태양
온몸을 파고드는 상쾌한 기운
이보다 더 아름다울 수 있을까

여름은 바다요
바다는 칸쿤의 바다다
난생 처음 들른 이국의 하늘 밑
낯선 해변에서
나는 갈매기가 된다

방황하던 회한도
오늘의 감격도
숭고한 자연의 신비에 묻힌다
내 영혼의 안식처인양.

나스카Nazca 라인
— 페루에서

세스나cessna* 눈으로 곡예하며
외계인의 회화를 감상하다

선과 각의 미학
거대한 기하학적 도형들을 밑그림으로
고래, 거미, 도마뱀, 개, 원숭이
벌새, 앵무새, 독수리 등을 그린
불가사의한 상징적 모티프
점성술의 증거일까
신들의 흔적일까
기원 전 8세기 조감도를
공중에서 타임머신을 타고 보다

'위대한 과거' *는
무엇을 암시 할까

---

* 미국의 항공기 회사가 생산하는 비행기
* 위대한 과거 : 멕시코 박물관에 있는 현대의 비문 구절.

마추픽추MACHUPICCHU

— 페루 우루밤바에서

표고 이천 미터가 넘는 가파른 산정에
수천 년의 침묵이 흐르고 있는
'공중도시' 는 신의 계시물인가
'태양의 신전' 에 제물이 된 처녀의 영혼은
목동들과 이루지 못한 사랑을
하늘나라에서 이루었을까
사람이 죽으면
영혼이 하늘나라로 간다고 믿었다니
'지붕 없는 감옥' 의 죄수들은
별 꿈을 꾸었을까
돌을 다루는 솜씨가 계단식 경작지의 층계 만큼이나
높은 기술을 가지고
고도로 발달된 요새도시를 건설한
불가사의한 비밀은 영원히 묻힐 것인가
하늘은 인간들에게 잃어버린
'공중도시' 를 보여주기 싫은가 봐
안개비가 몰려와 시야를 가리니
신비롭도다! 마추픽추

아마존의 아침
— 페루 이키토스에서

고요한 아침, 원두막 같은 로지에서 밤새들의
울음소리에 밤잠을 설치고,
곤한 몸뚱이 새소리에 눈을 뜨니
창틈으로 밀치고 들어온 햇살 따라 하루가 열린다

생체리듬은 자연에 걸맞게 설계되었나봐

새삼 나를 보며
어제의 마추픽추에서 인간의 위대함을 읽다가
오늘은 거대한 아마존의 원시림에서
자연의 신비에 경배를 올린다
화려한 앵무새들의 의상을 보다가
지옥에서나 들을 법한 울음소리를 들을 때
먹이 사냥을 하는 '동물세계' 를 보던 눈으로
아나콘다 같은 뱀을 다루는 현지인을 볼 때
현지 어린이들의 애련한 눈빛과는
무슨 상관관계가 있을까

안데스 산맥에 얹혀

그물무늬비단구렁이같이 흘러내리는
아마존 강은
어떤 신을 창조하고자 했을까.

이과수IGUAZU 폭포

— 아르헨티나에서

신의 저주로 생긴
이과수 폭포,
'악마의 숨통' 에 다가서면
악마의 목구멍에서 뿜어 나오는
새하얀 거품
우주의 블랙홀이 된다
사천 미터 보다 더 긴 폭
백 미터 넘는 높이에서
우뢰 같이 내리꽂는 폭포수에
쥐새끼처럼 떨면서
'우와'
저절로 터지는 탄성
격랑이 굽이치는
이과수를 사이에 두고
아르헨티나, 브라질의 미래가 용솟음친다.

마사이 족의 고독
—탄자니아에서

나무라고는
메마른 아캐샤* 뿐인 말라붙은 초원길에
호올로 양떼를 몰고 있다
무얼 먹고
무얼 먹이려고
황량한 벌판을 걷고 있는지
인적조차 없는 평원
쏟아지는 불볕
견딜 수 없는 침묵만이 흐른다
사막의 신기루같이 기인 막대 들고
장대같이 우뚝 선 걸음
말이 필요 없는 적막한 광야의 끝
아득한 지평선
저무는 하늘 빛
머언 발치서 바라보는
이방인의 눈빛이 서럽다.

---

* 마자이어로 '아카시아' 라는 의미

사바나의 여명

— 탄자니아 세링게티에서

로지Lodge의 밤이 지쳐 별이 지는데
새소리마저 잠든 이른 새벽
무소 같은 하마가 달리는 광야는
아직도 적막하다
아캐샤 가지 끝에 독수리는 눈알을 부라리고
에포비아* 새 원숭이는 몸을 움츠린다
동녘 하늘 비늘구름 황홀하게 물들어 가는데
바람마저 숨죽이고 손님을 맞이한다
저 멀리 지평선에는 타조의 늠름한 자태가 뜨고
톰슨가제, 임팔라 무리들 가까이 등장한다
여기저기 얼룩말들이 얼렁거리고
버펄로 행렬 장관을 이룬다
하이에나, 사자들도 어슬렁거리기 시작한다
드디어 지평선 위로
이글거리는 태양이 솟아오른다
광활한 사바나의 새벽은 그렇게 열린다.

---

* 에포비아 : 선인장의 일종

선 시티Sun City*

— 남아공화국에서

초록이 짙은 야자수 아래
천국에 온 감흥을 가눌 수 없어
심장이 뛴다

별빛이 맑은 남십자성 아래
호젓한 산상의 호숫가에 앉아
남국의 아련한 향수에 젖는다

사랑하는 사람과 영원히
살고 싶은 충동을 주는 선 시티에서
꿈꾸듯 가슴을 쓸어내린다.

---

* Sun City : 라스베가스를 방불케 하는 초호화 4개의 호텔(팰리스, 케스케이드, 메인, 카바나스)과 카지노, 워터 파크, 세계적인 골프장이 갖춰진 대규모 리조트이다.

잠베지 강*

— 아프리카 짐바브웨에서

호수처럼 잔잔한
푸른 비단결

물새들이 손짓하는
유유한 잠베지

취기어린 유람객
구름 끝에 가 있네.

---

* 잠베지 강Zambezi River : '큰 수로', '위대한 강' 이란 뜻을 가진 잠베지는 아프리카 대륙에서 인도양으로 흘러드는 아프리카 남부 최대의 강으로 짐바브웨, 모잠비크, 잠비아, 앙골라, 보츠와나, 말라위를 흐른다. 세계 3대 폭포의 하나인 빅토리아 폭포가 이 강에 있다.

케이프타운
—남아공화국에서

대서양의 쪽빛 파도
인도양의 호수 같은 물결
꿈이 깃든 희망봉 아래
외로운 의지의 섬 로벤아일랜드Robben-Island*

거대한 테이블마운틴의 품에 안긴
해안선을 따라
다소곳이 자리 잡은,
야심에 찬 개척자들의 눈부신 투혼들이
살아 숨 쉬는
청정한 도시 케이프타운

사랑과 낭만을 키우는
커스텐보쉬Kirstenbosch 식물원,

뜨거운 남국의 태양을 가려주는
야자수 그늘 아래에서
가슴을 파고드는 청량한 바람
남국의 추억을 엮다.

---

* 독립운동가 '호세 시까레나' 가 유배된 곳.

2
인도와 유럽

인도의 빛

봄날 같은 겨울
끝없는 평원에
황금빛 겨자꽃이 융단처럼 깔려있다

시간을 베고 누운 관광버스
희뿌연 흙먼지 뿜어내며
제멋대로 달리는 도시의 거리엔
자동차, 사람 홍수
무질서 속에 자유가 꿈틀거린다

이異민족의 격심한 폭풍우가 휩쓸어 간
얼룩진 대지
무수한 신의 손길이 서서히 움직인다

영묘靈妙한 신의 나라
유구한 역사와 종교
찬란한 인도의 미래가
어린이의 눈동자에 비친다.

타지마할TAJMAHAL
— 인도 아그라에서

현란한 무굴 제국의 걸작품
사랑으로 완성한 영혼의 안식처*
샤자한 황제의
비탄에 잠긴
사랑의 종착역이
세계 7대 불가사의의 하나로
잉태한 것인가
야무나 강변에 우뚝 선
불후의
사랑의 무덤궁전이
전설처럼 황혼에 물드는데
영화도
사랑도
가버린 묘당에 서서
인생의 허무를 되씹으며,
강물에 날아드는 철새들처럼
왔다 가는가.

---

* 왕비 뭄타즈마할을 추도하기 위해 22년에 걸쳐 지은 묘당을 말한다.

바라나시BARANASI

— 인도 바라나시에서

영적靈的인 빛의 도시
바라나시!

갠지스 강恒河 물에
흘러드는
힌두인들

씻고, 마시고
한 줌의 재로
돌아가는 고향

벌겋게 달아오르는
햇살에
영혼을 매어두고
한생을 그렇게 살다 가는가.

---

* 힌두 신앙은 강가의 성스러운 물에서 목욕을 하면 모든 죄가 씻기고, 죽은 이의 재를 강가로 흘려 보내면 윤회로부터의 해탈을 얻는 최고의 행복이라 한다. 그래서 생전에 한 번은 찾아가 보기를 바라는 정신적 고향이다.

사랑산의 일출
— 네팔에서

세계의 지붕 히말라야
안나푸르나, 다울라기리
신령스런 머리 위에
먼동이 튼다

흰 구름
하얀 설봉
붉게 물들고
별빛이 지워진
하늘 자리에
환상적인 무대가 열린다

태고의 신비가
전해주는 전율에
떨리는 두 손 모우고
겸손하게 영혼을 깨운다.

파슈파티나트PASHUPATINATH

— 네팔의 카트만두에서

회색빛 안개가 깔린
카트만두의 아침
심술궂은 신의 장난인가
태양도 어쩌지 못해 그 모습 숨기고

개울물 같은 강가
시바 사원 마을
산 자나 죽은 자나
강물에서 만나고 헤어지고

시바신의 성기를 지키고 앉은
미라 같은 사자들
텁수룩한 허연 수염
붉은 피로 치장한 신의 모습들

산 자냐
죽은 자냐
신이냐
인간이냐.

페와 호수
— 네팔 포카라에서 1

잔잔한 호반에
백로가 노닐고

수면이 살아서 꿈틀거리는 듯
나룻배가 흐른다

멀리 구름 밖 안나푸르나
마차푸차레 설봉들이 하늘에 떠다니고

신이 노니는 듯 바라히 섬이
환상적인 몸짓으로 손짓한다

태고의 신비가 감도는 페와*의 풍광
신이 준 선물인가.

---

* '호수' 라는 의미로 히말라야 만년설이 녹아내린 물을 담고 있다.

구엘 공원

— 스페인 바로셀로나에서

입구에 들어서면 지중해의 강렬한 태양빛을 상징하듯
색상이 아찔하다
관리실 지붕은 마치 '컵을 뒤집어 놓은 것 같은' 모양으로
이곳에서는 술을 마실 수 없다는 경고인지,
자연의 곡선을 사랑한 가우디의 표상인지

광장을 떠받치고 있는 돌기둥 숲길을 거닐다 보면
모자이크로 장식된 건축물들이 눈을 끈다
달팽이 같은 나선형 돌계단
도마뱀 모양의 분수대
용틀임하는 듯 구불구불한 긴 의자
옥수수 모양의 전망 탑
높은 곳은 높은 대로
낮은 곳은 낮은 대로
기하학적 무늬들로 생동감이 넘친다
지중해식 기후에 걸맞은 풍부한 색상과 질감
자연재료를 그대로 이용한
온갖 동식물 모양을 본떠 만든
인공미가 일품이다

저 멀리 지중해가 시야에 어른거린다
자연을 사랑한 가우디의 멋이 거기 있겠거니.

누에보 다리를 걸으며
— 에스파냐의 론다에서

안달루시아의 천혜의 요새도시 론다
과달레빈강이 흐르는 타호협곡
구시가지와 신시가지를 잇는 누에보 다리
아찔한 계곡 절경을 내려 보고 셔터를 누른다고
'조금만 더' 하다가는 큰일 난다
계곡에서 휘몰아치는 돌풍에
모자를 날려버리는 안타까움도 보고

알라메다 타호공원 전망대에서
가슴을 파고드는 감미로운 음률에
잠시 생각이 흔들리기도 하고
하얀 햇살에 히잡을 쓴 여인들이 눈길을 끈다
헤밍웨이가 이곳에서
'누구를 위하여 종을 울리나' 를 집필했다나
진한 봄꽃들이 키 큰 상록수들과 어울리는
나무그늘 벤치에 앉아
시원한 눈빛으로 바라보는 전망은
바로 행복이다.
(은퇴 노인들이 선호할 만도 하다)

오래된 투우장이 있는 데도 아쉬움만 남기고.

소금 호수
— 터키에서

어느 별나라에 당도 했나
사람들은
하얗게 늘려진 소금바다를 보고
눈빛이 고양이 눈알처럼 반짝인다
옛 사람들은
소금항아리에 물을 담아 먹었다지
노천광석이 지천으로 늘렸으니
이곳은 본래 도둑이 없는 천국이었을까
우리 보고 형제나라에서 왔다니
백의민족의 핏줄이
소금하고는 무슨 인연이 있었을까
온누리가 눈 세상인데
'소금호수' 에는 여름바람이 분다
달빛처럼 은빛으로 부서지니
달나라의 선물일까.

돌아오라 카프리 섬으로

'아름다운 저 바다와 그리운 그 빛난 햇빛…'
눈이 시리도록 푸른 지중해 바다를 바라보며
떠나간 벗을 애타게 기다리는 '쏘렌토' 에서
카프리 섬을 향한 뱃길에 오르다

바다 건너 좁고 경사진 골목길을 아찔한 밴의 속도로
환성이 터지는 사이
정상에서 내려오는 여행객들과 손 흔들며 인사하는 사이
파아란 하늘빛 속으로 '태양산' 에 서다

노오란 황금빛 깃털(금작화)을 부풀리며 반기는
지중해의 한 점 카프리
더 맑은 휘파람새 소리 들으며
빠알간 지붕들의 녹색마을을 내려다보는 환희
가보면 안다

깎아지른 절벽 아래 '갈매기의 꿈' *에서 보던
그 갈매기들의 비상을 보며
아, 갑자기 날개도 없이 날고 싶어

순간의 절정을 남기려다
셔터를 누를 틈도 없이 순식간에 구름이 덮어버린다
인간들에게 신의 세계를 허용하지 않으려는 듯.

---

* 리처드 바크의 책명.

스웨덴 스톡홀름에서

'발트의 여왕' 실야 라인(Silja Line)에서
별과 함께 선상의 밤을 보낸 새벽
아침노을에 눈을 씻다

중세 고딕 건축물이 남아 있는 감라스탄,
섬과 다리로 연결된 호수와 물의 도시
요람에서 무덤까지, 상상의 세계에 빨려드는
아름다운 동화의 나라

여기가 잉그리드 버그만, '말괄량이 삐삐'
전설적인 팝그룹 아바의 고향이라나,
아니
알프레도 노벨은 뺄 수 없지

해마다 노벨상 수상자들의 만찬이
열리는 '황금의 방',
무도회가 열리는 '멜라렌 여왕 홀'은
수십만 개의 금박 모자이크로 눈이 부시지

'세계를 움직이는 사람들' 의 가슴 속엔
멜라렌 호수의 물빛이 어떻게 비칠까.

시간이 멈춰버린 고대도시 폼페이에서

아득한 고대도시 마리나문 하늘길에 구름 한 점 떠 있다

당신의 흔적을 찾기 위해 아폴로 신전 앞에 섰다
이천여 년 전 당신은 이 신전 앞에 엎드려
하늘문이 열리기를 기도했을까
공중목욕탕 대리석 욕조에서 하늘빛을 보듯이
파아란 하늘무늬를 머릿속에 그렸을까
때로는 포럼에서
때로는 선술집 카페에서
때로는 여인숙에서 환희의 눈물을 짰을까
어느 날은 화려한 사창가나 극장에서
어느 날은 원형경기장에서 괴성을 지르며 환락을 즐겼을까

베수비오vesuvio 화산이 터지고서야 죄 값을 느꼈을까,
오갈 데 없는 노예들은 잿더미 속에 매몰되어가도
당신들은 우주 로켓을 타고 탈주했을 테니 말이다
그리하여 어디에서 왔는지도 밝히지 못하고
본적 없는 집시같이 유랑했을까
역사의 언저리에 돌아 앉아

희뿌연 찌꺼기만 남겨 놓고
떠나온 고향을 다시 돌아가지 못하고
역사의 그림자로 남았을까

거대한 역사의 돌담들만 영원의 무게로
침묵을 지키고 있구나.

알람브라 궁전

— 스페인의 그라나다에서

멀리 네바다의 만년설이
천사와 같이 내려보고 있는 해발 740m
알카사바 성채가 그 옛날을 지키고 있다
13세기 코르도바에서 밀려난 유세프의 나사르 궁전,
유럽풍의 카를로스 5세 궁전,
정원이 아름다운 헤네랄리페 여름궁전이
유럽 최후의 이슬람왕조 궁전이다

한밤중 성벽망루에 반사된 횃불이 불타는 성처럼 보였다나*

아름다운 물빛 분수와
잘 가꾸어진 사이프러스 정원수
매혹적인 궁전 천정의 기하학적 무늬
소리공명이 뚜렷한 중앙광장
어디서든 물소리가 들린다는 오묘한 물의 문화,
물에 비친 궁전 모습에서
불가사의한 타지마할 궁전을 보는 듯하다
원형 창문으로 본 그라나다 도시 전경이 한 폭의 그림이다

하마터면 묻힐 뻔한 역사의 흔적에서
워싱턴 어빙의 '알람브라 이야기' 에
가슴이 뭉클하다.

* '알람브라' 는 아랍어로 '붉은 성' 이란 뜻이다.

암흑의 시대는 가고

— 포르투갈 까보다로까에서

칼바람이 내리치는 절벽 아래에서 갈매기가 날아오른다
유럽대륙의 서쪽 땅 끝에서 길이 막혀
바르톨로뮤 디아스
바스쿠 다가마
콜럼버스가
암흑세계를 뛰어넘어 미지의 세계로
하늘빛 닮은 물빛바람에 돛을 올렸으리라

유럽대륙의 최서단, 북위38도47분, 동경9도30분
해발140m의 바람벽에 부딪쳐
절망에서 희망으로 눈을 뜨고
아라비아인의 수학과 지리적 원리
르네상스의 지식, 해도제작법, 항해술을 익혀
'암흑의 푸른 바다' 를 지나
새로운 항로를 찾아
'폭풍의 언덕' , 희망봉을 찾았으리라

거센 물빛바람에
바로 서 있기조차 힘든 절벽 난간에서

저 넓은 대서양에 도전하는
용기와 비전, 신념에 찬 젊은이들이
대서양을 지나
인도양을 지나
세계를 누볐으리라.

이스탄불
— 터키 보스포루스 해협에서

아, 매혹적인 그 이름 이스탄불!
수없는 역사의 수레바퀴가 굴러간
세계사에서 가장 호화로운 치장을 하고 있는 도시

종교적 갈등과 화합
동 · 서 문화가 이곳을 흐르면서
세계사가 열리고
수많은 영웅들이 이 길을 거쳐
이집트로
예루살렘, 페르시아로
그들의 꿈의 돛을 올리었으리

화려한 궁전
하늘 같은 푸른 사원
그림 같은 별장
바다가 어우러진 유혹의 도시
아, 신이 주신 이스탄불이 아닌가

황혼에

보스포루스 해협에 잠긴
신화를 건져 올리는 멋도
촌넵케팝을 먹으면서 포도주 잔에 비친
이스탄불의 황홀한 야경에 취해 보는 것도
참 아름다운 낭만이어라.

파르테논 신전

— 그리스 아테네에서

아크로폴리스 언덕에 자리 잡은
파르테논 신전
배흘림기둥에 기대서서
도리아식 예술의 극치를 보며
아테네 문명 속으로 거슬러 오르다
아테네 시민들은 전쟁을 좋아했을까
왜 '전쟁과 지혜' 의 여신
아테나를
아테네의 수호신으로 삼았을까

유네스코 고적 제1호가 된
흠 잡을 데 없는 걸작을 보며
환상적인 건축기법의 문을 들여다보다
피타고라스, 플라톤, 소크라테스가
어른거린다
수학, 과학, 철학이 밑그림을 그렸을까
저 밑바닥에 그리스 민주주의가
신기루처럼 일렁인다

고대 그리스 문명의 표상인가
이미 인류의 운명을 점지해 준 것인가.

카사블랑카에서

프랑스인지 스페인인지 아리송하더니
모로코의 이름난 무역항이라니,
영화나 유행가에서 눈귀에 익은
애틋한 사랑 얘기가 묻어있는
하얀 집 카사블랑카

대형화물선, 여객선, 작은 고깃배들이
꼬리를 물고 드나드는
저 푸른 항구
로마, 이슬람, 스페인 문화가 뒤섞여
이색적인 풍경을 던져준다

파아란 하늘가에 닿을 듯
장엄한 '신의 옥좌',
대서양의 석양빛에 물들어가는
저 신비의 하산2세 사원을
보지 않고서는 후회할 거야.

카파도키아
— 터키에서

하늘은 왜 청자색일까
구름은 거기서도
길 없는 길,
낙타같이 머물다 가네
머시기 같은 돌대가리들
넌 또 무엇이 궁금해
여기까지 와서
이 바위 저 바위굴로 사닥다리 같은
돌계단을 오르내리는가
저 건 마호메트가 예순가
수 천 년 간 바위벽에 서서 너희들을
내려보고 있는 줄 아는지 몰라
물 한 방울 없는 바위마을에
나무가 자라는 걸 보면
여긴 분명 신의 마을인데
저기 저 바위 모습은
여인의 엉덩이로 보이네

저 멀리 구릉 쪽
고개 들어 바라보는
낙타 갈기가 석양에 붉어지네.

3
러시아와 몽골, 발칸반도

겨울궁전

— 러시아 상트페테르부르크에서

러시아 문화의 중심지 상트페테르부르크
네바강을 따라 수많은 운하와 다리
백야의 풍광을 한 눈에 조망할 수 있는
'은자의 암자' 겨울궁전
아름다운 로마노프 왕조의 꽃이었으리

불륜의 예카테리나 여제가 죄 값으로 건립했다는
에르미타슈 미술관
여기에 오면 레오나르드 다빈치, 미켈란젤로
세잔, 고흐, 피카소와 같은 거장들을 만날 수 있다
천 개가 넘는 방 속에는
러시아 인형 마뜨로슈까처럼
예술품 안에 예술품
명작 속에 명작을 볼 수 있다
고대 스키타이 문화에서부터
그리스 · 로마, 페르시아
인도, 중국을 아우르는
삼백만 점이 넘는 광대한 유물들을 자랑한다

박물관 시계탑은 언제나 '2시 10분' 을 가리킨다
1917년 10월 1일
볼세비키 혁명의 신호탄이
순양함 '오로라' 에서 발사되던 그 시각

아, 러시아인의 역사 인식 방법에 소름이 돋는다.

바이칼 호수

이천오백만 년 전에 생성된, 아직도 살아 있는 호수
전설의 샤먼바위를 조망하며 유람선을 탑승하다

삼백여 개의 크고 작은 하천들이 모여들어
세계 최대 담수량을 자랑하는 '시베리아의 진주'
시간 따라 수만 가지 색으로 반짝이는 신비스런 물빛
지상에서 가장 청정한 호수
손 한 번 씻으면 5년
얼굴 한 번 씻으면 10년
목욕 한 번 하면 30년을 더 산다고
팔을 펼치면 우주를 품을 것 같은 광활한 호수
육지의 바다, 러시아인의 꿈이 어리다

삶의 활기를 심어주는 자작나무 숲, 앙가라 강변에서
모닥불 피워놓고 노래하며 춤추며 샤슬릭 안주에
보드카 한 잔, 바이칼 밤이 못내 아쉽다
전통가옥 율리치카에서 '반야'를 즐기며
별빛이 쏟아지는 밤하늘을 보는 것
또한 환상적이지

가슴에 별을 품은이여
바이칼로 가 보시라
고귀한 영혼의 빛을 만날 것이다.

시베리아 횡단 열차를 타고

지역 간 시간대가 무려 일곱 번이나 바뀌는
세계에서 가장 긴 철도,
시베리아 기점인 하바롭스크에서 이르쿠츠크까지
133 번 열차 꾸페에 몸을 실었다

아름다운 '하바' 의 낙조가 깔리는 아무르 강을 건너,
연 사흘 동안 밤낮으로 차창 너머 펼쳐지는
거대한 시베리아의 풍경에 설레다
광활한 초원지대 자작나무 숲을 지나
전나무 소나무 숲이 이어지는
끝없는 산림지대를 바라보며 생각에 잠기다
(- 이 땅의 주인이 한국인이었다면?
아니야, 어쩜 미개발이 지구로 보아서는 다행이지 않을까.)
간간이 탱크로리 열차가 지나가고
어쩌다 슬레이트집들도 보이고
하늘은 높고 땅은 넓다

섭씨 30도가 넘는 한여름,
밀폐된 공간에 에어컨도 없고

가져간 컵라면으로 끼니를 때워야 하는 열악한 열차
20세기 공산 소비에트 체제의 덕분인지
여자 여객전무의 거만하고 불친절한 태도는
측은하기조차 하고
그래도 자작나무같이 하얀 피부에 키는 크다,
거대한 시베리아
산림지대의 DNA를 받았는지.

캄차트카에서

태초의 땅, 아직도 꿈틀거리고 있는
빌류친스키, 아바친스까야의 환상적인 구름,
오호츠크해, 베링해를 가르는 반도의 끝
환태평양의 한 점 페트르파블롭스크

시도 때도 없이 물기둥을 뿜어내는 벨리칸
눈과 진흙이 어우러진 노천 온천
가공되지 않은 원시자연의 아름다움을
그대로 간직한 은둔의 땅,
세계자연유산이 된지 오래다

옛날 초막에서 살던 이텔멘족의 샤머니즘 신앙이
녹아 있는 전통 춤사위에서
이곳에 살던 곰, 산양, 연어들의 몸짓을 본다

까마치온이란 특수차량으로 아바친스까야로 이동
눈물이 흘러내린 계곡 따라
자작나무 숲을 헤치며 오르다
전후좌우로 흔들리다가

앉았다 섰다 온몸이 춤을 춘다
베이스캠프장에서부터
연탄재를 쌓아놓은 것 같은 화산잿길을 오르며
아직도 녹지 않은 눈 골짜기를 지나
한여름에 방한복을 걸치고 등반하는 꼴 상상해 봐,
땅에 납작하게 달라붙은 야생화들이 웃고 있다
낙타봉이 바로 저긴데
방금 쏟아질 것 같은 비바람,
추위 때문에 아쉬움만 남기고.

엘승타사르하이로 가다

아득한 지평선, 더 넓은 초원은
본래부터 키 큰 나무가 살지 않았는지
하늘은 호수같이 맑은데
이 넓은 땅은 구름 그림자를 안고
하늘을 닮고 싶었을까
낙타는 왜 목이 길어야 하고
물혹은 하나도 아닌 두 개씩이나
등에 지고 다녀야 하는지
광활한 초원에서
오토바이를 달리는 징기스칸의 후예들은
바람이 전하는 초원의 비밀을 알고 있었을까
하늘에는 하늘신이 있고
땅에는 징기스칸이 있다는 하늘의 소리를 들었을까

하얀 모래언덕에 달빛이 깔리고
모래알처럼 박힌 별들이
이슬 같은 영롱한 별빛을 쏟아내는
초원의 밤을 게르에서 보내보라
새벽빛 찬란한 별꽃들의 아침인사를 받아보고

문 앞에 서성이는 양들의 이야기를 들어보라,
초원의 비밀이 거기 있겠거니.

울란바토르 테를지국립공원에서
— 엉커츠 산을 트레킹하다

끝없는 초원에서 말을 타고
징기스칸이라도 된 듯
초원의 바람을 마셔보다
전설 같은 옛 얘기에 귀를 세우고
아름다운 바위산 엉커츠를 오르다
빨강, 파랑, 노랑, 자연의 원색들 틈에
불꽃 같은 꽃양귀비,
첫사랑 같은 보랏빛 꽃잎들을 보며
"꽃이 아름답습니까, 사람이 아름답습니까?"
그녀의 웃음 섞인 시쳇말에 (청초한 야생화가 하려다)
"사람이 더…" 하고는 웃고

간간이 이슬비 맞으며
코끝으로 묻어나는 천연 향기를 밟고
이천 미터가 넘는 암봉에 오르니,
하늘아래 이런 풍경이 있다니!
점점이 하얗게, 빨갛게 모여 있는
게르촌을 내려 보며,
이름 그대로 목가적인 풍경에

몽골의 우아함이 초록무늬로 비친다
사랑한다, 테를지여!
언제 다시 한 번 이 땅을 밟는다면
너를 맘껏 품어보련만

몽골의 태양이 한 아름으로 안겨온다.

흡스굴 호수KHUVSGUL LAKE

— 하양산을 오르며

새벽잠이 깨어 게르밖에 나서니
동쪽 하늘이 비단옷을 갈아입고 있었다
별들이 세수하고 간 호숫물에
잘 다듬어진 조약돌을 골라 물수제비를 뜨니,
도토리가 구르듯 내 유년 적 필름이
산골물소리로 흐르다 사라진다

타락*으로 아침을 때우고 하양산을 오르다
무지갯빛 야생꽃밭을 마음 설레며
등성이에 오르니,
하늘을 닮은 호수 물빛이 토성 고리 같다
마음 속까지 뚫어주는 듯 물빛 바람에 젖다
요정이 나올 것 같은 잣나무 숲,
매혹적인 호숫가의 풍경에 빨려들고

누렁이가 사자같이 지켜 앉은
언덕 위의 하얀 집 게르에 돌아오니
뻐꾸기도 울어 쌓고,
몽골의 밤하늘에 쏟아져 내리는

별똥별을 보니 고향에 온 듯,
혹여
나 유목민의 디아스포라인지도.

---

* 말젖을 저어 걸쭉하게 만든 요구르트

몽골은 외롭다

몽골에는 늑대 같은 남자들과
암사슴 같은 여자들만 산다
'말보러 갈 때'*도 반드시 옆 사람에게
신고해야, 언제 사라질지도 모르니까
사랑하는 사람들은 모두 사막을 건너가
돌아오지 않았다

고향에 뼈를 묻겠다는 생각은 부질없는
착각, 그곳이 사막이거나 초원이거나
적막만이 숨 쉬는 땅
뼈마디가 쑤시는 모래바람뿐
사람들은 언제나 떠나고 있다
유목민들의 생리일까

저 초원의 일망무제, 구름의 발자국으로
건너가는 적막한 바람 길
푸른 달빛과 유목민들의 애잔한 콧노래만이
가슴을 파고든다.

---

* 화장실 갈 때.

발칸반도에서의 편지 1

유럽의 동남부, 다뉴브 강이 흐르고
아드리아 해, 지중해, 흑해로 둘러싸인 발칸반도
일찍이 비잔틴, 오스만제국이
동서 문명의 십자로를 이룬
세계 제1차 대전의 도화선이 된 곳
5월의 햇살을 안고 루프트한자에 몸을 실었다

독일 뮌헨을 거쳐 적막이 감도는 루마니아의 수도
부쿠레슈티에 도착한 것이 밤 한 시 반
15시간 소요, 70대 노인들의 나들이 치고는 과욕이다
EU국가들의 경기불안에 겹쳐
한 때 내전의 소용돌이에 휩쓸린 지역이라
마음 한구석이 편치 않았는데
내자는 전신에 알레르기 현상이 나타나
발칸여행이 처음부터 발칵 뒤집힐 것 같아 안쓰러웠다

이젠 여행이 휴양이어야 한다는 생각 강렬하게 압박해 온다

즐거워야한다는 약속 구도가 엇나
설렘이 잠시 여행 가방에서 떠나다.

발칸반도에서의 편지 2
— 루마니아의 수도 부쿠레슈티에서

지금도 흡혈귀가 나올 것 같은
루마니아의 상징, 드라큘라 성으로
거리에는 버려진 개들이 집시처럼 어슬렁거리고
성곽 내부에는 미로 같은 통로계단으로
비밀통로가 중앙 우물 속에 있었다니
귀신도 몰랐을 것이다

로마의 후예 로메니들이 건축한
'카르파티아의 진주'
펠레슈 성이 있는 시나이로
네오르네상스 양식으로 설계된
화려하고 우아한 여름별궁의 첫 인상은
이곳 보리수 나무 그늘처럼 시원하다
전기로 천정을 여닫고 엘리베이터
진공청소기를 유럽 최초로 사용하였다니
입이 딱 벌어진다

다뉴브 강 삼각주에 자리 잡은
부쿠레슈티 광장에는

평양 김일성 주석궁을 보고 설계했다는
거대한 차우세스쿠 궁전의 위용에
하늘이 내려앉는 기분이다
개선문이 있는 '키세레프 거리' 는
마치 파리의 '샹제리제 거리' 를 옮겨 놓은 듯
권자에 앉으면 세계를 품안에 안고 싶을까.

발칸반도에서의 편지 3
—불가리아의 수도 소피아에서

다뉴브 강으로 흘러드는 이스쿠르 강의 두 지류가
감싸 도는 숲 속의 녹색도시 소피아,
수백 년 동안 로마, 투르크의 지배를 받아 온 눈물 젖은
역사의 흔적들이 남아 있다

'지혜' 라는 뜻의 소피아 성녀가 수호신이라니
여신상이 들고 있는 올빼미는 무슨 뜻일까
시내 중심에는 성소피아 성당이 있고
그 바깥벽에는 전몰무명용사들의 영혼의 불꽃이 타오르고 있다
오스만투르크의 지배를 상징하는 바냐바시모스크가 하늘 높은데
그 옆에는 그들을 해방시킨
러시아 군인들의 희생을 기리기 위한
알렉산더네프스키 대성당이 황금빛을 반짝인다
거리에는 '키릴문자' 의 간판들이 고풍스런 건물들과 어울리고
골동품시장에는 기발한 골동품들이 내 좀 보라는 듯이 웃고 있다

불가리아 왕조의 '불가족' 은 옛 부여의 고추가의 후예라니
믿기지 않으나
몽고반점이 이를 증명한다니 말문이 막힌다.

* 동로마사의 기록에는 '발칸' 이 '박산(백두산)' 에서 온 것이라니
더욱 놀랍다. '발칸' 이란 '밝한', '밝은' 이란 뜻이라나

발칸반도에서의 편지 4

— 세르비아의 수도 베오그라드에서

다뉴브 강과 사바 강의 합류 지점에
형성된 칼레메그단,
그 성곽 밑에는 해자垓字가 보이고
요새 전체가 역사박물관이 되었으니
세르비아 전쟁사가 바로 그들의 역사다

성곽에 올라서보니
교통의 요지(수로)가 바로 전략의 요지라
기막힌 요새임을 금방 알겠다
빅토르 동상은 왜 시내를 등지고
섰는지 알 수 없고

시내 중심에는
오스만 투르크로부터의 독립영웅
미하일 오브레노비치 기마상이 눈에 띄고
세르비아인의 정신적 상징인
사브르나 정교회 본산이 우뚝 서 있다

보는 것도 지쳐

스카다리아 문화의 거리를
꽃으로 치장한 카페에서
맥주잔을 기울이는 맛 상상이나 해보았나.

발칸반도에서의 편지 5
— 보스니아의 수도 사라예보에서

초록의 대평원을 지나 알프스에 온 듯
일천 미터가 넘는 고원지대를 돌아 넘어
산골분지에 형성된 고대 도시
꽃밭 같은 공동묘지에서
시내를 내려다보는 눈에는
새삼스런 감회가 스친다

이에리사를 비롯한 우리나라 탁구선수들이
세계대회에서
처음으로 금메달을 목에 걸었던
꿈의 환상을 보여주었던 곳이 아닌가

세계제1차대전의 도화선이 되었던
'라틴다리' 에서 밀라츠가 강을 내려다보니
하늘은 거기 없었다
자갈로 덮인 장인거리를 걸어보고
술탄의 기념 모스크와 전통 가옥들을 보고
지난 역사를 읽는다
아직도 기독교와 무슬림 간의

피비린내 나는 내전의 아픔을
안고 있는 총탄자국이
그대로 남아 있는 건물들이 보인다

'평화의 다리' 를 걸어 보면 안다,
종교도 이념도 평화를 담보할 수 없다는 사실을.

발칸반도에서의 편지 6

— 몬테네그로의 코토르에서

아드리아 해안의 최남단
가파른 절벽과 희망이 부푼 운하
천혜의 지형 조건을 갖춘 절경
이천 여 년 간
외세의 침략을 방어하기 위한 성채도시
몬테네그로의 문화유산이다

살갗을 태울 것 같은 햇살
초록 그늘의 야자수 거리
늘 푸른 사이프러스 나무
노오란 아스파토스의 향기
붉은 지붕의 전통가옥들
전형적인 지중해 연안의 풍토다

사람의 혼을 빼 놓을 것 같은 낭만의 해변에는
아파트 20층 높이의
초호화 유람선이 드나들고
유럽에서 제일 오래된 교회
트리폰 대성당의 좁은 골목길은

'나 좀 나가자' 라는 별칭이 붙었다나

마을 공동우물에는 아직도
'늙은 여우' 들의 이야기가 머물러 있고.

발칸반도에서의 편지 7

— 크로아티아의 스플릿에서

석벽이 병풍같이 이어진 아드리아 해변의
'달마티아의 꽃' 스플릿,
일천칠백여 년의 시간을 베고 누운
디오클레시안 궁전,
로마 황제 디오클레티아누스가 자신의 여생을
보내기 위해 십여 년에 걸쳐 축성한 궁전요새이다
스스로 재위에서 물러난 보기 드문 영웅이
정적의 손에 최후를 맞이하고
유골마저 도난당한 비운의 황제
그의 무덤이
그에게 박해당한 크리스트교인들의 성당이 되었다니
운명의 여신은
이곳 지천에 핀 꽃양귀비같이
생을 짝사랑한 '사랑의 덧없음'을 보여주는가

한 오라기 해풍이 야자수 이파리를 흔든다

수많은 사람들이 오고간 골목길
신발에 닳아 반짝이는 돌바닥

고풍스런 붉은 지붕들
맑은 기운이 넘치는 바닷물빛
눈부신 햇살
과거와 현재가 공존하는 매혹적인 이 고도가
어느 책명처럼 「끌리다 거닐다 홀리다」*로 요약될 수 있겠다.

---

* 이태훈 지음, 21세기북스 펴냄

발칸반도에서의 편지 8
— 크로아티아의 플리트비체에서

어디에서 본 듯한 호수와 하늘에서
떨어지는 듯한 환상적인 폭포
요정이 나올 것 같은 전나무
삼나무 숲속으로
코라나korana강을 따라
산들거리는 상쾌한 바람 맛을 보면서
걷는 기분 가보면 안다
에메랄드 물빛이 유혹하는 나뭇길
송어 떼가 몰려다니는
유리알 같은 물속에
나무그림자가 숲과 같이 살고 있다
행복이 너에게서 나에게로
풀물처럼 번지는 곳
'유럽의 허파'
크로아티아국립자연공원이다

청송 주산지에 왔는지
중국 '구채구九寨溝' 에 왔는지
아니지, 그 둘을 합해도

여기에는 미칠 수 없을 거야

당신이 신선이 되어보고 싶거든 여기 한 번 와봐.

발칸반도에서의 편지 9
— 슬로베니아의 포스토이나 동굴

알프스 산맥의 끝자락 슬로베니아의 보고寶庫,
천상인지 지옥인지
만물상의 종유석들 눈알이 핑 돈다

종유석과 석순이 빚어내는 신의 마법을
어찌 글로써 다 표현할 수 있나
흰색 붉은색의 천년바위 눈물인지
외계인의 핏물인지
송곳 같은 종유석들이 방금이라도 떨어져
머리에 꽂힐 것 같은 착각을 일으킨다.
'콘서트홀' 의 벽면은
고비사막의 화염산을 보는 듯하고,
석순이 1mm 자라는데 일백년이 걸린다니
석순과 종유석이 만나 석주가 되려면
수백만 년이 걸리지 않겠나.

특히 눈을 끄는 것은 동굴 호수 속에 사는
신비의 휴먼 피시human fish,
깊은 어둠 속에서

눈은 퇴화되어 볼 수 없다지만
아이스크림색 같은 도롱뇽 모습으로
먹지 않고 십여 년을 버틸 수 있다니
상상의 동물인 용baby dragon을 떠 올린다
사람의 수명과 비슷한 80여 년을 사는
'인어' 로 불리니,
천상에서 죄 많이 지어
죄 값을 받는 지도 모르고.

발칸반도에서의 편지 10
— 슬로베니아의 블레드에서

'줄리안알프스 산맥의 진주'
블레드 성과 호수
아득한 절벽 위에 자리 잡은 성채
천년의 시간을 베고 누워
시간 따라
주인을 바꾸면서
요새보다 별장으로 더 각광을 받았다지

'알프스의 눈동자' 블레드 호수
그 가운데 있는
블레드 섬이 가까이 오라고 눈짓한다
바로크 양식의 마리아승천성당에는
'사랑의 종' 이 기다린다
세 번 울리면
소원이 이루어진다는
아름다운 '사랑이야기' 가 있다

눈부신 햇살
영혼을 흡입할 것 같은

풍경 속으로 빨려들면
사랑도 승천할까

신과 가까워진 기분이
뱃사공의 팔뚝 같다.

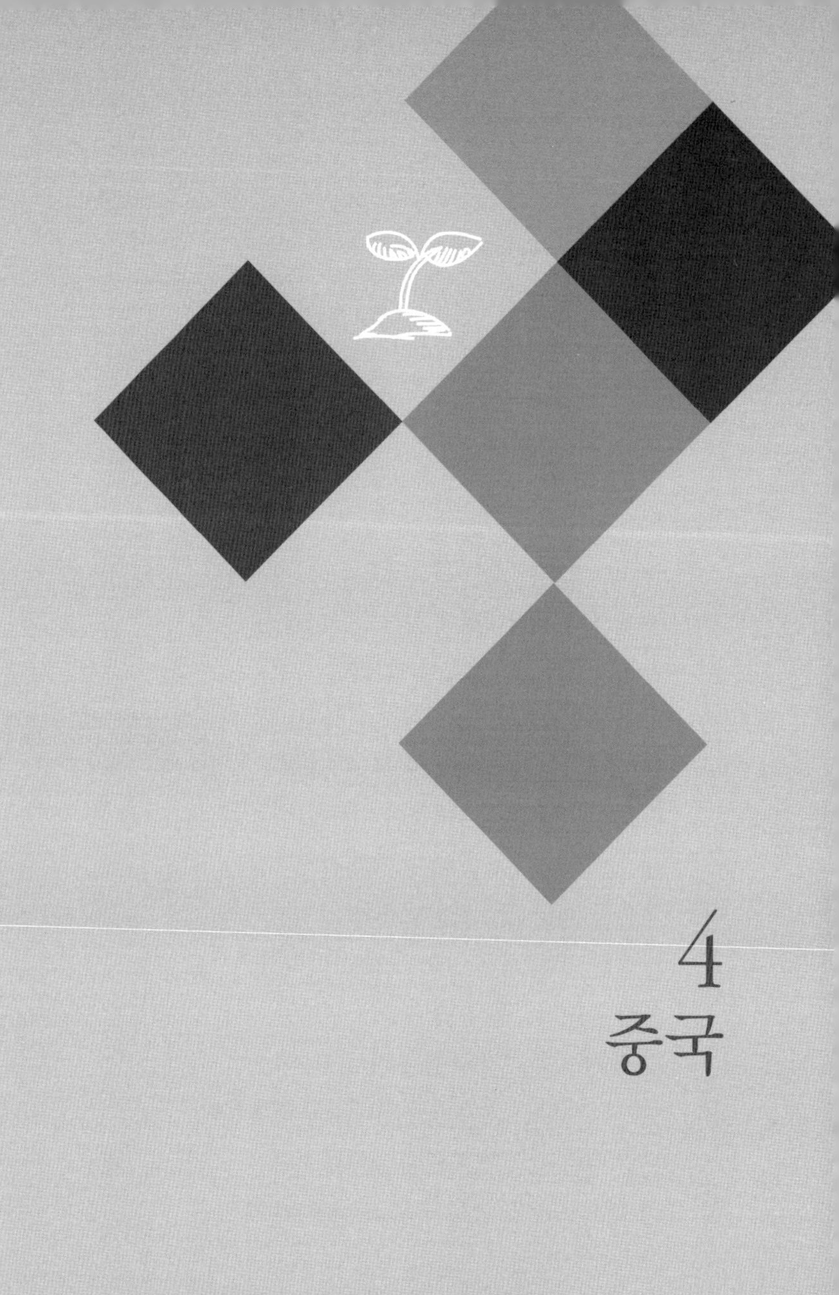

4
중국

누란의 미녀

수천 년 시간을 건너 뛰어, 미지의 낯선 곳에서
조상들의 흔적을 바람으로 전해주려고
유리관 속에 누웠는가
금발의 머리에 오뚝 솟은 코
툭 튀어나온 광대뼈에 가느스름한 얼굴
알프스인의 알록달록한 의상에
바이킹족의 풍습 같은 관속에 사천년을 그대로 누워,
그 옛날 누란樓蘭의 호양나무 아래서
바람으로 떠돌던 사내들의
애상에 젖은 콧노래에 영혼을 걸어두고
조용히 눈을 감고 잠들었을까
당신은 피 한 방울 흘리지 않고 말라가면서도
아름다운 미소를 흘리며
꼭 움켜쥔 꿈의 씨앗을 놓지 않고
돌아오지 않는 지아비를 기다리고 있었을까
바람 따라 왔다가 바람처럼 사라져간
한 번 들어가면 나올 수 없는 타클라마칸
모래폭풍 속에
영혼의 꿈을 영원히 묻은 바람 속의 여자.

사랑의 자물통

— 중국 장가계 무릉원 산정에서

여기가 무릉원인가

시리도록 아슬아슬한 절벽 난간에
훈장처럼 매달린 자물통들,
수많은 연인들 사랑을 꽁꽁 채워 놓고

주인 없는 허공에
오직 사랑의 언약 하나로
적막을 먹고 산다

영원을 약속한
가슴 저미는 사랑의 열쇠가
구름에 걸린 짙푸른 절벽 아래로
영혼의 메아리 되어

오늘도
천상의 절벽을 울리고 있다.

장백산에 올라
— 비호산장에서

꿈에서나 그리던 민족의 영산
배달의 얼이 숨 쉬는
성지가 아니던가?

압록강
두만강,
송화강이 흘러
수려한 반도와 만주벌
옛 조선의 땅이었느니라

고구려, 발해가
잇지 못한 역사의 단절 속에
반도마저 양단된 오늘의 현실
배달의 후예들아
무엇을 생각하느냐

서두르지 마라
조용히 눈을 감고 명상하라
선구자들의 한 맺힌 피눈물이 보일 것이다.

화산으로 가봐

하늘 높은 줄 모르겠거든 화산華山*으로 가봐

세상이 무섭거든 화산으로 가봐

네가 얼마나 보잘 것 없는
미물인가를 알고 싶거든
화산으로 가봐

네가 사내대장부라면 화산으로 가봐

천 길 낭떠러지에 헛발 디뎌 떨어져 죽어도
사나이는 사나이지.

---

* 중국 서안에 있는, 중화의 혼이 깃든 산

거망출산巨蟒出山의 슬픈 전설

— 중국 삼청산에서

삼청산三淸山에는 거대한 이무기가 나왔다는
거망출산의 전설이 있다

나무꾼과 선녀가 사랑에 빠졌다는 이야기
선녀 어머니는 나무꾼이 달갑지 않아 나무꾼을
거대한 구렁이로 변신시켜 바위 속에 묻어버렸데,
구렁이는 선녀를 잊지 못해
바위를 뚫고나와 용이 되어
하늘나라로 올라가 선녀를 만나려고
날마다 선녀를 그리워하다가 코부라 바위로 변했데
(선녀 어머니가 딸의 정을 떼려고 일부러 변신시켰는지,
하늘의 저주를 받았는지 알 수는 없고)

이무기가 하늘로 올라가
선녀를 만나지 못한 원혼이
두견새가 되어 피울음을 울었을까
두견이의 피눈물이 뚝뚝 떨어져 두견화로 피었을까
해마다 오뉴월이면
이 산에 두견화가 장관을 이룬다니 말이다

아직도
‘동방여신’ 바위가 우뚝 서 있으니
선녀가 하늘로 올라가지 못하고 바위가 되었을까

애달픈 사랑의 피날레여!

황산풍경구黃山風景區

— 중국 안휘성에서

말로만 듣던 바위로 피운 연화봉
천지를 삼킬 듯 어룽거리는 사자봉
깎아지른 절벽에 붙은 시신봉始信峰의
기이한 소나무들을 보지 않고
어찌 신이 빚은 황산 4절*을 얘기할 수 있나
산 위에 구름, 구름 위에 하늘
봉우리와 봉우리 사이
계곡과 계곡 사이
저 신비의 안개구름 바다를 이룬다

수직으로 깎아지른 절벽과 절벽 사이
아찔한 고공잔도高空棧道를 걸으며
기암괴석들 쳐다 보다가 넋을 잃는다
격정의 회오리바람, 신의 조화
간간이 구름 사이로 쏟아지는 햇살
청천벽력같이 끝없이 추락하다가
가슴 벅찬 신비에 까무러치다

몽필생화夢筆生花, 뾰족한 봉우리 위 소나무 한 그루

꿈속의 붓끝에 꽃이 피는
한 폭의 수묵화 속으로 빨려든다.

* 황산 4절 : 기암, 기송, 운해, 온천

태항대협곡

— 중국 임주에서

천지간에 태항대협곡, 하늘문으로 들어서면
아홉 개의 연꽃잎이 피어나는 구련산을 만난다
구련 노모가 마을사람들 위해
아홉 편의 연꽃잎을 뿌렸다는 구련담,
한 번 돌면 통증이 씻은 듯이 사라졌다는
이야기가 머물러 있고

신선이 산다는 만선산 입구로 올라서면
13인의 마을사람들이 절벽에 막힌 암벽을
곡괭이 망치로 뚫은 절벽장랑을 만난다
옛날 우공의 이야기처럼(愚公移山)
기막힌 인간의 의지 하늘이 굽어본다
해와 달과 별만이 친구가 되는 꽉 막힌 암벽
세월의 난간에서 생의 그림자를 보듯
절벽 위에 절벽
계곡 끝에 계곡
아찔한 하늘 길, 내일을 생각하며 오늘을 산다

엄동설한에도 복숭아꽃이 핀다는 도화곡을 올라서면

환산선 하늘 길을 따라 태항太行의 혼이 깃든 왕상촌,
차마 발걸음이 떨어지지 않는
천 길 낭떠러지 아찔한 현기증이 앞을 막는다
한때 상나라 무정이 은거하여 극한의 고난을 이겨내
왕이 되었다는 왕상암,
아래도 위도 깊고 높은 벼랑뿐
깎아지른 절벽에 갇혀
생을 수업하던 은둔자의 고뇌
하늘은 알고 있었을까.

고비사막 1

내가 가 본적 없는 세상을 만나는 건
언제나 설레는 일이다

시간을 벗어나 이루어 낸 인간의
높은 의지의 흔적을 읽을 수 있는 건
실크로드를 가 본 사람은 안다
형언할 수 없는 거룩함 같은 것
바람 따라 생각해 볼 수밖에 없는 '바람의 나라'
광막한 황무지에서 살아남기 위해
지독히도 외롭고 고통스런
'죽음 고비' 를 넘어야 했던 거대한 고비사막
유목민, 카라반caravan, 정복자들
때로는 구도자도 끼었을 것이다

혹이 둘 달린, 눈썹이 긴 조금은 슬퍼 보이는
'사막의 배' 를 타고
잎이 가시로 진화한 '낙타풀' 을 뜯기며
불꽃 같은 '화염산' 을 넘었을 것이다

차가운 별빛 아래 꿈을 꾸던 유목민들은
황량한 사막의 자갈밭에서
그들의 영혼이 찢기지 않았을까
스스로의 운명을 사로잡고 있는
거역할 수 없는 사막의 삶이라면

'신이 준 시련' 으로 보아야 하지 않을까.

고비사막 2

— 맥적산麥積山 석굴

보릿단을 쌓아올린 것 같다는 맥적산
고불석굴칠천불
세월에 바래진 석상 앞에서
잔도棧道를 걷는 발걸음 어지럽다

수많은 승려, 화가, 석공, 도공들이
드나들며 쌓아올린 종교예술의 극치
특히 예배를 드리는 예배굴 벽화에
채대彩帶*를 날리며 하늘을 나는
부처가 눈길을 끈다

짙은 녹음을 덮고 있는
하얀 나비 떼는
수천 년 묵은 석불들이 환생한 영혼일까

숲 그늘 맑은 바람이
열사熱砂의 찌꺼기를 날려버리 듯
오래된 고불의 가피력이
눈 먼 마음눈을 깨우는가.

---

* 채대 : 양탄자 같이 하늘을 날 때 두르는 띠.

고비사막 3
—난주의 포장집에서

지친 여정의 피로가
황하의 흐린 물기에 젖어
포장집까지 빨려들었는가
낯선 진풍경이 길손을 묶어두고
양고기 꼬지에
이과도주를 걸치니
고비의 메마른 바람에 찌든 사내들 기개
부풀어 오른다
황량한 황사바람에 신기루를 보았는가
풀 한 포기
나무 한 그루도 혼자서는 살 수 없는데
끈질긴 생명을 부지하기 위해
사투를 벌리는 유목민의 기질
설핏 짐작이 간다.

고비사막 4

— 가욕관嘉峪關에서

오후 10시 반
T9201 열차에 몸을 싣고
난주 출발, 4인1실 침대차로
만리장성 성터 끝 가욕관에서 아침을 맞다

멀리 만년설산이 병풍처럼 펼쳐진
그 앞산들 목말라 허기져
갈비뼈만 앙상하게 남아 있다

광막한 사막 분지

백양나무들 사이로
옥수수 푸른 바람결이 유혹하는 오아시스
장성 성루에 올라
사막의 허공을 가르는 제비들을 보니
메마른 가슴에 날개가 돋는다.

고비사막 5

— 돈황敦煌에서

고대문화의 꽃을 피운 '실크로드의 진주'
세계문화유산으로 부끄럽지 않은
돈황 예술의 극치 '막고굴' 에서
신라인의 흔적을 보니 비단결보다 아름답다

살은 먼지로 날려 보내고 뼈만 남은 언덕에
바람이 하얀 모래로 쌓아 올린 모래 산
밤이면 사막의 영혼이 운다는
명사산鳴沙山
초승달 모양의
마르지 않는 오아시스
월아천月牙泉에 달빛이 비치면
'천상의 정원' 에 선녀가 거닐 것 같은
환상에 젖는다

오늘밤 모래바람이 등고선을 바꾼다 해도
가파른 명사산을 헐떡이며 올라
모래썰매를 타 볼 일이다
해거름 낙타 등에 업혀

사구에 올라
'석양의 무법자' 처럼
머언 산그림자를 바라보는 모습
명화 속의 주인공이 되다.

고비사막 6

— 투루판吐魯番에서

여름에는 너무 더워 '화주火州' 라나

세계 제일의 당도를 자랑하는
이곳 건포도를 씹으며
나귀 타고 동쪽으로 고창고성高昌古城을 둘러보고
몽골군에게 포위되어
3개월 간 버티었다는 교하고국지交河古國址에는
약소민족의 설움이 서려 있다

치솟는 불꽃 모양의 화염산火焰山
신강 최대의 이슬람 사원인 쑤공타蘇公塔는
천연天然 연분이다

중국의 고대 3대 공청 중 하나인
카레스*는
인간의 의지가 얼마나 무서운지
아니
인간의지의 거룩함을 보는 것 같다.

---

* Karez,坎爾井 : 이천년 전부터 공사가 시작되어 일천여개, 가장 깊은 곳이 구십 미터, 총 연장 5천 킬로미터나 되는 지하 수리시설이다.

고비사막 7

— 쿠차庫車에서

하루 다섯 시간 이상 버스로 이동하면서
휴게실 하나 없는 황량한 사막 한가운데서
궁둥이를 까는 여인네들
유년의 체험인지, 고대 실크로드의 현장실습인지

근처에 고구려 유민의 후손 고선지 장군이 절도사로
근무했다는 안서도호부가 있었다지
신라의 혜초, 당의 고승 현장법사가 머물렀다는 수바스 고성
전장 5 킬로미터가 넘는 기이한 경관을 자랑하는
천산신비대협곡을 오르며 생각한다
산이 비경을 감추는 건 인仁의 덕목일까
현자는 신의 소리를 듣고 깨달았을까
소금물이 흐르는 하얀 염수계곡에
아득한 옛날 푸른 바닷고기가 퍼덕인다
간다라 미술이 최초로 중국에 소개된 키질천불동
전생을 바쳐 조각한 보물들
여기에도 '나쁜 놈' 들의 손길이 거쳐 간
불상 없는 석굴, 벽화 없는 벽면이
돈황의 막고굴을 보는 듯하다

반야심경 법화경 금강경 등 수많은 불경을
최초로 번역한 구마라습* 스님의 청동좌상이
입구를 지키고 있는데도 말이다.

---

* "내가 번역한 불경에 틀린 것이 있다면 나를 화장해도 혀는 타지 않을 것이다."고 했다니 반야심경을 보듯 자신의 완역을 장담한 일화가 전설처럼 전해진다.

고비사막 8
— 카스(카슈카르)에서

이천여 년 전 천산남북로의 합류지점
타림분지의 서쪽 끝, 가장
오래되고 풍요로운 오아시스
참외 수박 포도 등 '과일의 고향' 이다

무엇보다 마음을 흔드는 것은
청나라 건륭황제의 후궁, 향비묘가 있는 곳
생전에 몸에서 향기가 나
나비들이 따라 다녔다는 향비
죽어서도 묘지에는 인공나비들이
길손들을 따라 다니고

이천 년이 넘는 고대 아시아의 최대 시장
바자르의 전통수공예품 거리를 걷다가
사막에서도
종족의 뿌리만큼 다양한 문화의 꽃을 보고
마치 피안의 세계를 거니는 듯
착각하다.

고비사막 9
—타슈쿠르칸에서

세계의 지붕 파미르 고원
해발 삼천육백 미터가 넘는 국경도시
고대인도 · 중국의 주요 관문

칠천오백 미터가 넘는 무스타커봉의 만년설
하늘빛이 눈 시리도록 푸른 카라쿨 산정호수
설산왕자를 생이별한 빙산공주의 눈물이
빙천氷川을 이루었다는
타지크족의 전설은
이 봉우리가 '순결한 사랑' 을 상징한다나,
하늘이 맑을 때
새하얀 봉우리에 펼쳐진
설산 아래의 빙천氷川은
마치 빙산공주의 흩날리는
흰색치마와 옷소매를 보는 듯하다고
파미르고원의 백미
사막의 초원과 어우러진 천혜의 멋진 그림
차마 하늘을 우러러 쳐다 볼 수 없는 경이로움

미지의 세계에 영혼을 불사른 고선지 장군은
어떤 야망이 있어 이곳을 정복했을까.

고비사막 10
— 우루무치의 천산천지에서

설연화가 핀 텐산, 옥빛의 쿤룬, 황금을 품고 있는
알타이 산맥으로 둘러싸인 '아름다운 목장' 우루무치
일찍이 위구르인을 비롯한 유목민들이
고대서역문화의 꽃을 피웠던 곳

들어가면 나올 수 없는 타클라마칸 사막을 가로 질러
하늘호수 천산천지
사시사철 아름다운 박격달봉의 만년설이 흘러내리는
매혹적인 물빛에 눈을 뗄 수 없다

옥황상제의 부인 서왕모가 목욕하던 곳
도교사원이 그림같이 자리하고 있는
신선의 나라
별이 총총한 밤하늘에 유목민들의 낭만과
꿈이 서려 있을 것 같은 골짜기
알 수 없는 신비에 말려들어 가슴이 울렁거린다

발 아래 지옥을 깔고 천국에 닿아 있는 풍광
이색적인 침엽수 탑송塔松들의 짙은 신록

별빛이 흐를 것 같은 푸른 계곡
자연의 음률에 젖어 천상의 꿈을 꾼다.

5
그밖에

고희천자지보古稀天子之寶*

— 대만 고궁박물관을 보고

수수만년 쌓인 역사
그대로 흙 속에 묻힐소냐

역사는 거짓 없는 진실인데
게시된 지도는
패권주의 냄새 그대로 나타나니
약소민족 주변국의 서러움 분통 터지네
끝없는 인간들 야욕
평화를 깨트리니
영원한 분쟁 끊일 수 없겠구나

민족, 국가
그게 자기 보존 방법이겠지만
평등, 평화
영원히 사라지겠으니
아
이상, 꿈은 어느 때
어느 사회에서도 존재 이유가
거기 있겠거니

만고유방萬古流芳*이 무엇인고.

* 고희천자지보 : 고래로 드문 오랜 황제의 보배
* 만고유방 : 오랜 세월 그 이름이 빛난다.

도야 호수

오늘은 갑오년 11월의 마지막 날
늦게사 홋가이도 치도세(千歲) 공항에 도착
도야의 썬 팔래스 호텔에 여장을 풀다

뭣보담도 머릿속의 겨울 설경을 놓치고
노천온천욕으로 아쉬움을 지우다
유카타를 입은 간고꾸진
그 옛날의 아이누족을 아는지 몰라

칼데라 호수, 도야호洞爺湖 유람선에서
겨울 빗속으로 술잔을 따른다
여름날의 불꽃이 술잔에 어린다
소와진잔昭和新山 뿌연 분연과
매캐한 내음이 풍기는 것 같다

삿뽀로 이치방맥주 맛이나 볼까

하얀 호숫가에
겨울 진객, 고니님도 못 뵙고

젊음도 낭만도 사그라진 가슴에
불을 지필 이도 없는데
기린맥주 홍보팀의 석별의 정이
가슴에 찡하게 운다.

노천욕露天浴

— 일본 다까야마에서

쇼가와 강(押江) 따라
토록코 열차 소리가
메아리치는 우즈나기(宇奈月)

백년이 넘는 세월을 안고 있는
구로나기 노천탕에 앉아
껍데기 벗어던지고 속살 태워도
온몸에 웃음 번지는

살랑거리는 골바람 타고
아득한 유년의 상념 속으로
침잠해가는
잔주름이 아름답구나!

두바이의 기적
— 아랍 에미리트 두바이에서

세계 최초 7성급 호텔 버즈알아랍호텔
세계 최초 수중 호텔 하이드로폴리스
세계 최대 위락 시설 두바이랜드
세계 최고 고층 빌딩 버즈두바이,
두바이는 무엇이든 세계 최초, 최대, 최고로
우주에서 보이는 유일한 인공구조물로 뜬다니
세계에서 가장 역동적인 도시
현대의 기적이 일어나고 있는 곳이 아닐까

세계 최고 수준의 환대 속에
섭씨 50도의 열사의 땅에서
스키를 즐기며, 시적 갈망과 영감이 부딪혀
바다 한가운데 심은 야자수 잎새에서
피안의 유토피아를 꿈꾼다니
어느 별나라 이야기인가

광활한 모래언덕을 사파리하면서
느끼던 전율처럼
찌릿찌릿 온몸이 저려온다.

비바람이 치던 바다

—뉴질랜드 로토루아에서

로토루아 호숫가에 앉아 애상에 젖은
마오리족의 연가를 흥얼거려본다
—모코이아 섬에 사는 부족장의 딸 히네모아와
호숫가 적대국의 청년 투타네카이가 첫눈에 반하여
밤마다 사내의 피리소리에
아버지 몰래
목숨 걸고 호수를 건너
사랑을 나누었다는
아름다운 전설이 깔린
포카레카레 아나pokarekare ana

별을 따라 온 마오리족의 '흰 구름의 나라'
파란 하늘빛과 흑조가 어울리는 로토루아호수
맑은 바람, 새벽빛 밝게 빛나는
청정한 호숫가에 사는 사람들
그들이 던진 나뭇가지를
살며시 들어 보이며*

"내 사랑 영원히 기다리리"

---

* 마오리족들의 '나는 평화를 원합니다.'는 표징

아리산阿里山 천년림
— 대만에서

이천 미터가 넘는 된비알
빽빽이 뻗은 삼나무 선線
수천 년 묵은 회나무 그늘에
숨어드는 햇살과 그림자
그 속에 자매담 물기 머금고
묵은 이끼 토해내니
형제나무, 상비象鼻나무
얼굴마다 기찬 형상으로 내려 보는데
수진궁受鎭宮* 현천상제玄天上帝 앞
두 손 모은 신심 깊어라

오솔길 따라 하늘을 찌르는
이대나무, 삼대나무, 광무회光武檜를 우러러
백년도 살지 못하면서
인생이 얼마나 짧은가를
가늠하지 못하고
삼독에 허우적이는 발걸음 서글퍼라.

---

* 도가의 사당

알펜 루트
— 일본 다테야마에서

다테야마(立山) 연봉들이
구름을 날리니
유람객들 구름 타고
신선이 된다

구로베(黑部) 강물 따라
자갈 모래 헤집고
물레방아 거꾸로 돈다
와사비 이파리들 새콤하게 나풀거리고

무연터널버스, 케이블카,
로드웨이 차례대로
댐, 호수, 전망대로
용천수, 지옥계곡을 지나
알프스 너머
쇼묘 폭포에서
그 신비가 승천하다.

앙코르의 신비

타브롬 사원,
자야바르만 7세의 효심이
수도원을 만들었구나,
이엥나무, 스펑나무가 천상을 지옥으로 만들었구나
이것이 신들과 자연의 조화였구나

카루다의 도움으로 코끼리 테라스가
더욱 돋보이니 세계 최고의 권력과
왕의 위용을 느끼겠네,
끄레앙에서 기다리는 사신들의
초조한 모습들이 보이는 것 같은데

앙코르 와트는
수리아바르만 2세의 비슈누 신상이라 했던가
톤레샵 물을 끌어들인
호수는 누구의 힘으로 만들어졌는고
히말라야 산맥에 둘러싸인
수미산이 더욱 우뚝하구나,
앙코르 제국의 위용이
불멸의 예술품을 창조하였구나.

이에류를 보고(野柳景觀)
— 대만에서

절리 따라
해수 소금
바람 따라 침식 풍화

수천만 년
오랜 세월
씻기고
깎이어서

벌집 호열
촛대원추
바둑판석
여왕두상
기이하고 괴상하다

변화무상
지형경관
보석 같은 아름다움
사랑으로 보살펴서
영원토록 남겨줍세.

하롱베이의 경이驚異

— 베트남에서

용신龍神이 내려 만든 하룡下龍이라
전설 속의 신비에
환성이 절로 터진다

천년 이방의 흔적은 간 곳 없고
수천의 바위섬들이 경이롭구나

금모래 섬 팔각정에 올라
천상의 비경을 바라보니
유네스코 지정 세계 8대 절경이 부끄럽지 않구나

킴항(배)에 몸을 담고
천상을 소요하듯
천궁天宮석굴, 선상船上시장
다금바리 안주로 신선놀음 했구나

항루온(섬) 스피드 보트 유람 더 더 환상이었소이다.

코끼리의 영혼

— 태국 치앙마이에서

오늘은 란나왕조의 흔적이 묻어 있는
치앙마이 투어 이틀째
보아구렁이가 통째로 삼켰다는
동화 속의 코끼리 등에 업혀
상큼한 수목의 향기를 마시며
정글 숲길로 웃음꽃을 피우는데
군데군데 바나나
사탕수숫대 새참을 들고
"원 달러 원 달러"를 외치는 여인네들은
생의 그림자인지
동물애호가들인지

광장에는
그 큰 코끼리 손이
고 작은 붓대를 거머쥐고
연출하는 신기에
관객들의 호기심과
놀라움의 눈길을 끌고 간다
그 옛날 정글을 누비던 DNA가

'나무가 있는 풍경화' 로
그들의 영혼을 그리고 있다
망고 갈비를 뜯고 있는 관객들은
그들의 영혼을 팔아 무엇을 사려는지
햇살이 흔들고 있는 노란 '판타밋' 꽃잎 위로
구름송이 적운積雲이 빗방울을 몰고 오는데.

박석현 시집_ 낯선 길 위에서

초판 인쇄 | 2015년 7월 25일
초판 발행 | 2015년 7월 30일

—

지 은 이 | 박석현(필명:국은)
회 장 | 서정환
발 행 인 | 정종명
편집주간 | 차윤옥

—

펴낸곳 | 도서출판 계간문예
주소 | 서울 종로구 삼일대로 32길 36 운현신화타워 305호
편집부 | 서울 종로구 삼일대로 32길 21 종로오피스텔 808호
전화 | 02-3675-5633, 070-8806-4052
팩스 | 02-766-4052
이메일 | munin5633@naver.com
등록 | 2005년 3월 9일 제300-2005-34호
ISBN 978-89-6554-119-6 04810
ISBN 978-89-6554-118-9 (세트)

—

값 10,000원

—

잘못 만들어진 책은 바꾸어 드립니다.